NATIONAL GEOGRAPHIC

Peldaños

Atrapa la luz

LAS LUCES BRILLANTES TIENEN UN LADO OSCURO

por Jennifer Boudart

Una vista de los Estados Unidos de noche revela un patrón de punto a punto de luces de costa a costa. Para el ojo común, las luces parecen bellas, incluso reconfortantes. Sin embargo, a un número creciente de científicos este panorama les parece preocupante. A pesar de todo, no debe exagerarse el valor de la luz artificial para la raza humana.

Cuando Thomas Edison introdujo la primera bombilla incandescente a fines del siglo XIX, cambió la forma en la que pasamos nuestro tiempo. La vida se hizo más segura y más productiva después de que oscurecía. En la actualidad, nos conectamos a la red de energía eléctrica, que puede iluminar una habitación o una ciudad entera.

¿Es demasiada toda esa luz nocturna como para resultar conveniente? Quienes estudian los efectos de la luz artificial la llaman contaminación lumínica, y afirman que puede estar dañando el medio ambiente y la salud del ser humano.

Hay evidencia de que si la contaminación lumínica ocupa el lugar de la oscuridad natural, cambia el ritmo de la vida en la Tierra. La contaminación se produce cuando se introduce una sustancia dañina en el medio ambiente. La contaminación puede envenenar el aire, la tierra y el agua o amenazar la vida vegetal y animal.

En muchos lugares, la contaminación lumínica y sus efectos iluminan el cielo nocturno. Los efectos de la contaminación lumínica toman la forma del brillo del cielo, intrusión lumínica y **resplandor.**

Esta imagen satelital de los Estados Unidos muestra cuánta luz brilla de noche.

En los EE. UU., la iluminación de las calles es menor que el 1% de la electricidad que se usa. Aun así, hay bastantes luces en las calles y callejones de todas las ciudades.

70,000	Ann Arbor, MI
118,000	Filadelfia, PA
250,000	Chicago, IL
300,000	Nueva York, NY

DEMASIADA LUZ

Parece que se quisiera iluminar la noche. Se iluminan las casas y los patios. Se iluminan edificios de oficinas mucho tiempo después de que el día de trabajo termina. Muchas veces, las luces siguen encendidas toda la noche. Emiten mucha más luz de la que se necesita. También producen un resplandor áspero en lugar de un brillo suave, y muchas luces tienen un diseño deficiente para su propósito.

La luz que ilumina desde el suelo hacia arriba produce un resplandor: el resplandor del cielo. Hace que el cielo nocturno parezca brillante cuando el cielo natural es principalmente oscuro. La luz solar, la luz de la Luna y la luz de las estrellas que se reflejan en la Tierra son fuentes naturales del resplandor del cielo. Pero la luz eléctrica al aire libre es la que produce la mayor parte del resplandor del cielo. Las luces de las calles, las luces de los edificios, las luces interiores que brillan a través de las ventanas y las luces sobre los espacios públicos son algunas de las luces que producen el resplandor del cielo.

Toda esta luz eléctrica produce un domo brillante sobre las ciudades y los pueblos. ¡El resplandor sobre un área poblada quizá se vea a cientos de millas! Así, las estrellas y los planetas son menos visibles de noche. En la actualidad, los habitantes de las ciudades probablemente no vean las estrellas u otros elementos naturales del cielo nocturno.

La intrusión lumínica es otra forma de contaminación lumínica. La intrusión (también conocida como derrame de luz) se produce cuando las fuentes de luz al nivel del suelo iluminan lugares donde no se la requiere. Por ejemplo, de noche las luces se mantienen encendidas fuera de las casas, en edificios de oficinas y centros comerciales por seguridad. Esta luz entra por las ventanas de las casas cercanas y puede molestar a quienes viven allí.

El resplandor, la luz que brilla sin aislamiento desde su fuente hacia el exterior, puede ser peligrosa porque interfiere con la capacidad de ver en la oscuridad. Un haz de luz brillante puede llenar todo el campo visual de una persona, por lo que le costará detectar obstáculos mientras los ojos se ajustan. Los grupos de luces brillantes también pueden distraer a una persona de los obstáculos, lo que puede producir accidentes.

El resplandor es especialmente peligroso para las personas mayores que intentan caminar o conducir de noche. El resplandor es como otras formas de contaminación lumínica. Puede ser el resultado de la luz de las calles, la luz de los estacionamientos, la iluminación de los estadios y la luz de los vehículos en movimiento.

Las mismas luces que producen el resplandor del cielo también producen la intrusión lumínica. La intrusión lumínica puede producirse en las casas cercanas. Los dueños de casa quizá no se den cuenta del efecto que las luces exteriores tienen en sus vecinos.

La mayoría de las vallas publicitarias se iluminan desde abajo y la luz brilla hacia arriba desde lámparas montadas a lo largo de la parte inferior de las vallas publicitarias. La mayor parte de esa luz se escapa al cielo nocturno. Si las luces de las vallas publicitarias se posicionaran en la parte superior de la valla publicitaria, la luz se podría dirigir hacia abajo. Así, se reduciría la contaminación lumínica.

ALGUNAS LEYES QUE APUNTAN A LA CONTAMINACIÓN LUMÍNICA

- establecen toques de queda lumínicos
- limitan el brillo de las bombillas
- prohíben luces de cierto color

LAS PERSONAS TAMBIÉN PUEDEN AYUDAR

- usan luces con sensores de movimiento
- compran lámparas con pantallas para dirigir mejor la luz
- instalan controladores de tiempo y atenuadores de luz

En ciudades como Chicago, Illinois, se emiten luces desde los edificios tanto de día como de noche. La luz del cielo nocturno apenas se ve hasta alejarse muchas millas de la ciudad.

LA SALUD Y EL BIENESTAR

Se puede decir que la contaminación lumínica es solo el precio que pagamos por poder ver de noche. Hay quienes podrán decir que la contaminación lumínica es un problema solo para los astrónomos y los aficionados a contemplar las estrellas. Incluso un aumento del 10 por ciento en el resplandor del cielo con respecto a los niveles naturales hace que los telescopios sean menos efectivos. Esa es solo una parte obvia del problema. En nuestro mundo moderno, la contaminación lumínica también está afectando nuestra salud y bienestar.

En la antigüedad, se contemplaba a las estrellas para guiarse en los viajes y contar cuentos sobre el mundo natural. Desde la invención de la luz eléctrica, los humanos se han alejado de las estrellas y, para muchos, el cielo nocturno se ha convertido en algo extraño.

En 1994, un terremoto produjo un apagón en Los Ángeles. Como la ciudad quedó a oscuras, los centros 911 recibieron cientos de llamadas. Los ciudadanos les informaban que habían visto una extraña nube plateada en el cielo. Creían que la nube estaba relacionada con el terremoto. De hecho, era la Vía Láctea. No la habían visto nunca o no la podían identificar.

El cuerpo humano está programado para responder a patrones naturales de luz solar y oscuridad. Estamos adaptados para ser criaturas **diurnas,** más activas durante el día y en reposo después de que oscurece. Muchas de nuestras funciones corporales, como las ondas cerebrales, siguen un patrón predecible en un período de 24 horas. Pero los períodos de día y noche están cambiando.

La luz artificial nos permite ignorar nuestros ritmos corporales y hacer actividades cada vez más tarde en la noche. Al contrario de algunos animales que están más activos de noche, los humanos no son **nocturnos.** El número de horas que podemos permanecer activos está aumentando debido a la luz artificial.

Anteriormente, los humanos estaban activos solo durante las horas de luz natural, de 10 a 14 horas, según la estación del año. Ahora, 15.5 millones de habitantes de los Estados Unidos trabajan en turnos nocturnos y duermen durante el día.

A los estadounidenses también les resulta más difícil quedarse dormidos. Las investigaciones muestran que la luz artificial evita que se libere una hormona llamada *melatonina*. Esta es la hormona que nos hace sentir sueño y regula nuestro ciclo de sueño y vigilia.

Demasiada luz de noche puede afectar los ritmos naturales y los patrones de la vida animal.

Las tortugas marinas se esfuerzan por encontrar las playas oscuras que necesitan para desovar. Cuando los huevos eclosionan, las crías de tortuga buscan la luz que se refleja en el agua para encontrar el mar. Pueden confundirse con las luces de la playa y arrastrarse hacia el lugar equivocado.

Las áreas metropolitanas grandes resplandecen de noche con las luces. La investigación médica ha comenzado a mostrar que la exposición adicional a la luz artificial puede relacionarse con problemas de sueño, obesidad e incluso algunas formas de cáncer.

La Vía Láctea como se ve desde la isla
Sur, Nueva Zelanda.

26,000 AÑOS LUZ

distancia de la Tierra al centro de la Vía Láctea

100 MIL MILLONES

estrellas en la Vía Láctea

13 MIL MILLONES DE AÑOS

edad de las estrellas más viejas de la galaxia

NUESTRA GALAXIA

La Tierra y su sistema solar son parte de la galaxia Vía Láctea. El centro de la Vía Láctea está a aproximadamente 26,000 años luz de la Tierra. El polvo interestelar (polvo de estrellas) bloquea las vistas telescópicas claras de la mayor parte de la Vía Láctea.

La Vía Láctea tiene aproximadamente 100 mil millones de estrellas, quizá más. Las estrellas más viejas están en el centro de la galaxia. Esas estrellas pueden tener alrededor de 13 mil millones de años de antigüedad.

SOLUCIONES A LA CONTAMINACIÓN LUMÍNICA

La Asociación Internacional Cielo Oscuro (IDA, por sus siglas en inglés) trabaja para crear conciencia y reducir la contaminación lumínica a través de "iluminación exterior ambientalmente responsable". La IDA describe el cielo nocturno como "la mitad del medio ambiente natural del planeta" y dice que debe considerarse un recurso natural.

La IDA ha establecido el programa "Lugares Internacionales de Cielo Oscuro", que identifica a las comunidades, los parques y las reservas de Cielo Oscuro Internacional. Estos lugares deben estar libres de contaminación lumínica para recibir reconocimiento. Además, los propietarios de las tierras, las ciudades y los pueblos deben permitir el acceso público a estos lugares y llevar a cabo programas de educación pública.

Es difícil ignorar la belleza del cielo nocturno cuando no podemos verlo tal como es. Solo unas cuantas docenas de estrellas brillan a través del resplandor del cielo sobre una ciudad o un pueblo. Pero en una noche realmente oscura, en un lugar realmente oscuro, brillan hasta 7,000 estrellas en el cielo. Apaga las luces y ve hacia la noche. ¡Está allí, esperándote!

El Monumento Nacional Puentes Naturales está en Utah. Es el primer Parque Internacional de Cielo Oscuro.

Compruébalo   ¿Cuál es una manera en la que el uso de la luz artificial afecta a los humanos?

13

Lee para descubrir sobre dos hermanos que visitan Barrow, Alaska.

Los Cazadores de Luz

por Allan Woodrow
ilustraciones de Tuesday Mourning

El cielo estaba oscuro como a mitad de la noche, aunque apenas habían pasado dos horas del almuerzo. Después de todo, ¿por qué tenían que pasar las vacaciones de invierno con el abuelo Saul? Si alguien le pedía su opinión a Trevor, habría sugerido que viajaran a algún lugar cálido, más iluminado y más cerca. Trevor, de nueve años, y su hermana de once años, Alice, volaron en un avión 13 horas para llegar a Barrow, Alaska. Barrow es la ciudad más septentrional de los Estados Unidos, y en esta época del año está oscura las 24 horas del día.

Como está tan al norte y tan cerca del Polo Norte, Barrow no tiene días y noches comunes. Durante el invierno de Barrow, el Sol se pone a mediados de noviembre y no sale de nuevo hasta fines de enero. Esto hizo que una visita a Barrow durante estos pocos meses fuera una experiencia **nocturna.**

En el verano es igual de extraño. Barrow pasa casi tres meses sin anochecer. Para Trevor, jugar al aire libre toda la noche con luz de día sonaba más emocionante que la oscuridad todo el día.

Ahora, hacía un frío cruel, y una nieve helada caía afuera con vientos borrascosos. Trevor esperaba que el viento levantara la casa y la arrojara lejos. Barrow era un lugar con temperaturas por debajo del punto de congelamiento la mayor parte del año, y podía nevar incluso en julio.

Lo que empeoraba aún más las cosas era que el abuelo prefería mantener solo unas pocas luces encendidas; siempre decía que la conservación de la energía era importante. Pero Trevor habría estado mucho más contento con todas las luces encendidas; odiaba la oscuridad. Cosas desconocidas acechan en la oscuridad, donde puede suceder cualquier cosa.

Trevor meditaba en esos pensamientos cuando justo en ese momento se fue la electricidad y, naturalmente, todas las luces con ella, lo que produjo un **apagón** completo.

Trevor se tensó y su sentido del oído se agudizó. Oyó pasos en el salón que rechinaban en el piso de madera dura. Percibió que algo entraba en la habitación y venía por él, y gritó.

—¡¿Qué te sucede?! —jadeó Alice.

Trevor agarró algo carnoso y huesudo. —¡Estoy sosteniendo a un monstruo! —gritó.

—Sostienes mi brazo —dijo Alice—, ¡suéltame, que me lastimas!
—Encendió su linterna e iluminó con el haz a Trevor, que temblaba.

—Perdón —dijo Trevor, y le soltó el brazo.

—El abuelo me pidió que te buscara —refunfuñó Alice mientras sacudía
el brazo—. Cálmate.

—Si no quieres que te trate como a un monstruo, no deberías escurrirte
en mi habitación como si fueras un monstruo —ladró Trevor.

—No me escurría... ¿y por qué no has desempacado tu maleta?
—preguntó Alice.

—Lo haré luego, y no hay necesidad de actuar como mamá, sabes.
Además, hace tanto frío que siento que debo usar capas de todo lo que traje
—dijo Trevor mientras se frotaba los ojos.

Abajo, el abuelo Saul esperaba pacientemente en el piso de la sala. Estaba sentado tan quieto que al principio Trevor no lo vio, hasta que la linterna de Alice lo encontró. En la oscuridad, las arrugas del abuelo parecían cañones y su sonrisa lucía casi maligna. Alice y Trevor se sentaron en el piso junto a él.

—No se preocupen, estos apagones no duran mucho y creo que las luces se encenderán pronto —dijo el abuelo Saul.

—Los apagones suelen producirse debido a una **infraestructura** defectuosa —dijo Alice con seguridad—. Las plantas generadoras de energía y las líneas de energía viejas deben actualizarse.

El abuelo admiraba el amor de su nieta por los datos científicos, pero hizo poco caso y resopló: —Es culpa de los Cazadores de Luz. ¿Han oído hablar de los Cazadores de Luz, verdad?

—No estoy de ánimos para escuchar cuentos de fantasmas, abuelo —dijo Trevor.

A su abuelo le encantaba contar leyendas con muchos detalles, que a veces eran aterradoras y otras veces divertidas.

—Por favor, cuéntanos abuelo —exclamó Alice, a quien le encantaban sus cuentos tanto como los datos científicos. —Quiero oír el cuento. Trevor no es más que un gato asustadizo.

—¡No soy un gato asustadizo! Yo también quiero oír el cuento —dijo Trevor, no muy convencido.

El abuelo Saul tomó la linterna de Alice y la sostuvo bajo su mentón para que el haz le iluminara la cara. El caudal de luz hizo que el abuelo se viera aterrorizante.

—Esos duendecillos Cazadores de Luz solo miden unas cuantas pulgadas de alto, pero son furiosos y rencorosos. Parecen personas diminutas, pero tienen alas de libélula y aguijones largos en lugar de nariz. Se roban las luces de las lámparas de las calles y se comen la luz. Para ellos, saben a panecillos. Succionan una bola de luz con su aguijón y la llevan a casa para que sus bebés coman.

¿Crees que podamos encontrar a un Cazador de Luz si salimos a buscarlo? —dijo Alice con entusiasmo.

Su abuelo sacudió la cabeza. —Son nocturnos, así que solo salen de noche, e intentan evitar a los humanos en lo posible, pero cuando yo era joven, eran mucho más valientes, zumbaban de a docenas como mosquitos gigantes, perseguían a la gente y se comían la luz.

—La luz eléctrica es tan valiosa aquí como el agua o los alimentos —dijo el abuelo—, no podría tener a estas pequeñas alimañas robándola todo el tiempo, así es que decidí atrapar a una. Por aquel entonces, había un granero detrás de la casa. Una noche, dejé una vela encendida en el borde de la ventana y me escondí detrás de un barril. Cuando uno de los Cazadores de Luz vino a darle un mordisco a la luz, salí de un salto y atrapé al pequeñín en un frasco de vidrio. El Cazador de Luz estaba tan enojado que escupía, maldecía y me sacudía su puñito, pero solo me reí y puse el frasco en el granero. "Eso te enseñará a no sabotear mis luces", le dije.

—A la mañana siguiente, vino toda una horda de esos duendecillos nocturnos que aman la noche, irrumpieron en la casa y se robaron todas las luces de una milla a la redonda. Tomé una gran red para atrapar mariposas y pasé toda la noche persiguiendo a esas irascibles criaturas. Eran rápidos, pero después de unas cuantas horas, capturé a aproximadamente cien y los puse en frascos en el granero. ¡Tendrían que haber visto cómo brillaba ese granero!

—¡Qué pena que no puedan usar a esos duendecillos en la planta generadora de energía! —dijo Alice—. Con toda su luz, no habría apagones nunca.

El abuelo sacudió la cabeza: —Nunca se debe atrapar a un Cazador de Luz, como estaba por comprobar de la manera difícil.

—Los duendecillos estaban furiosos —continuó el abuelo mientras ponía una cara furiosa que asustaba a Trevor—. No me podía acercar al granero sin oír que los Cazadores de Luz gritaban y chillaban. Tenía mucho miedo de liberarlos; no sabía qué harían. Pero pensé y pensé y decidí que no podía seguir manteniéndolos atrapados, era una maldad. Así es que fui al granero la noche siguiente para liberarlos.

—Debí haber prestado más atención al informe meteorológico. No me había dado cuenta de que había habido una gran tormenta todo el día. Tan pronto como me acerqué al granero, oí aullar al viento y vi que las persianas del granero se sacudían. Nunca vi una tormenta como esa. El granero oscilaba, las puertas colapsaron y luego, así como así, las paredes explotaron.

—¿Los duendecillos se lastimaron? —preguntó Alice, y se inclinó más cerca de su abuelo—. ¡Dime que estaban bien!

—Es solo un cuento de fantasía —dijo Trevor con una risa, pero entonces agregó con tranquilidad—: Estaban bien, ¿verdad, abuelo?

—Claro que estaban bien —dijo el abuelo Saul—. Pero el viento hizo pedazos todos sus frascos y los duendecillos quedaron libres como los pájaros, unos pájaros muy furiosos. Salieron a buscarme, zumbando y viniendo en mi dirección con su aguijón. Me persiguieron todo el camino de vuelta a la casa, ¡y apenas pude entrar entero!

—Podía ver a los duendecillos afuera, tragando las luces a su alrededor. No solo tenían hambre, sino que querían vengarse. Consumieron todas las luces que rodeaban la casa y en la ciudad. Al día siguiente, el periódico informó que los vientos fuertes habían tumbado unas líneas de electricidad, y se había despedazado la infraestructura, pero yo sabía la verdad. Habían sido los duendecillos.

—Pero esos duendecillos frenéticos no se detuvieron allí. Seguían locos de ira y aparentemente todavía tenían hambre, y algunos volaron hasta el Sol. Se comieron la luz del Sol y la guardaron dentro de su aguijón puntiagudo, lo que dejó a todo Barrow a oscuras.

—Le tomó dos semanas al Sol brillar de nuevo y, ahora, una vez al año, los duendecillos vuelan hasta el Sol y se roban la luz para conservarla dos meses, todo por lo que hice. Esa es la razón por la que todos los inviernos está tanto tiempo oscuro en Barrow, solo por esas alimañas nocturnas. Y por eso les advierto: nunca intenten atrapar a un Cazador de Luz.

—Ese es el cuento más tonto que he oído —dijo Trevor.

Una carga de estática llenó la habitación, todas las luces se volvieron a encender y la casa se inundó con un resplandor brillante.

Trevor miró por la ventana a la oscuridad y vio algo que brillaba afuera. Entrecerró los ojos y vio mejor a una repugnante criatura alada con un aguijón largo, que lo miraba. Pero no podía ser... ¿verdad?

—¿Eso es un...? —dijo Trevor, pero apenas la señaló, la criatura se dio vuelta y se fue volando, como si ni siquiera hubiera estado allí. Trevor sacudió la cabeza y pensó que había sido su imaginación... quizá.

Compruébalo ¿Cómo explicó el abuelo Saul los períodos estacionales de luz y oscuridad de Alaska?

Horario de verano: ¿Ventaja o desventaja?

por Jennifer Boudart

"Primavera adelante, otoño atrás". Esta frase nos recuerda que debemos cambiar nuestro reloj dos veces por año debido al "horario de verano" (DST, por sus siglas en inglés). Estados Unidos comenzó a usar el DST para tener más horas de luz diurna en verano y ahorrar energía. A muchos les gusta el DST y quieren mantenerlo, pero otros quieren **abolirlo.**

VENTAJAS

La vida es mejor con el DST. El DST mejora nuestra salud. Cuando el DST está vigente, disminuyen las personas que miran televisión y aumentan los que se entretienen al aire libre. Esto es beneficioso para nuestras relaciones familiares y la salud porque estar afuera juntos es un mejor uso del tiempo familiar que mirar películas.

El DST nos da más seguridad. Cuando el DST está vigente, se puede viajar a casa del trabajo y de la escuela antes de que oscurezca, cuando las condiciones para conducir son más seguras. Un estudio publicado en 2007 mostró que, en los últimos 30 años, los accidentes de tránsito disminuyeron de seis a diez por ciento durante los meses de DST. Las tasas del crimen también disminuyeron.

El DST ahorra energía. La prolongación de la luz diurna reduce la necesidad de lámparas y otros aparatos. De hecho, los estudios muestran que, a nivel nacional, el DST permite ahorrar suficiente energía cada año para abastecer a alrededor de 100,000 casas.

El DST ayuda al medio ambiente. Gran parte de la electricidad de nuestra nación proviene de la quema de carbón, que produce esmog y lluvia ácida. Encender las luces más tarde significa que usamos menos energía y menos luz artificial. Esto reduce la contaminación del aire y la contaminación lumínica. También mejora la vida de la fauna **nocturna.**

El DST potencia la economía. Los campos de golf, las áreas de recreación y muchas tiendas ven cómo aumentan sus ganancias cuando el DST está vigente, por lo tanto, prolongan sus horas.

Estas razones apoyan la conservación del DST en los Estados Unidos. A través de esta práctica, nuestra sociedad se favorece de diversas maneras.

DESVENTAJAS

La vida no es mejor con el DST. ¿Sabías que nuestro gobierno ni siquiera **exige** el DST?

El DST daña nuestra salud. Los expertos en salud afirman que nuestro reloj biológico interno (que se rige por la luz y la oscuridad) nunca se ajusta a ganar una hora adicional de luz diurna. En cambio, hace que sea más difícil dormirse. Como resultado, dormimos menos y nos enfermamos más.

Los que están a favor del DST dicen que prolongar la luz diurna mejora la seguridad al conducir. Aunque la gente se adapta fácilmente a la menor iluminación de las tardes de invierno.

Sin embargo, en invierno, el Sol se pone antes de que muchos puedan volver a casa conduciendo desde el trabajo. Muchos trabajan más de nueve horas por día, lo que significa que está oscuro cuando conducen hacia y desde el trabajo.

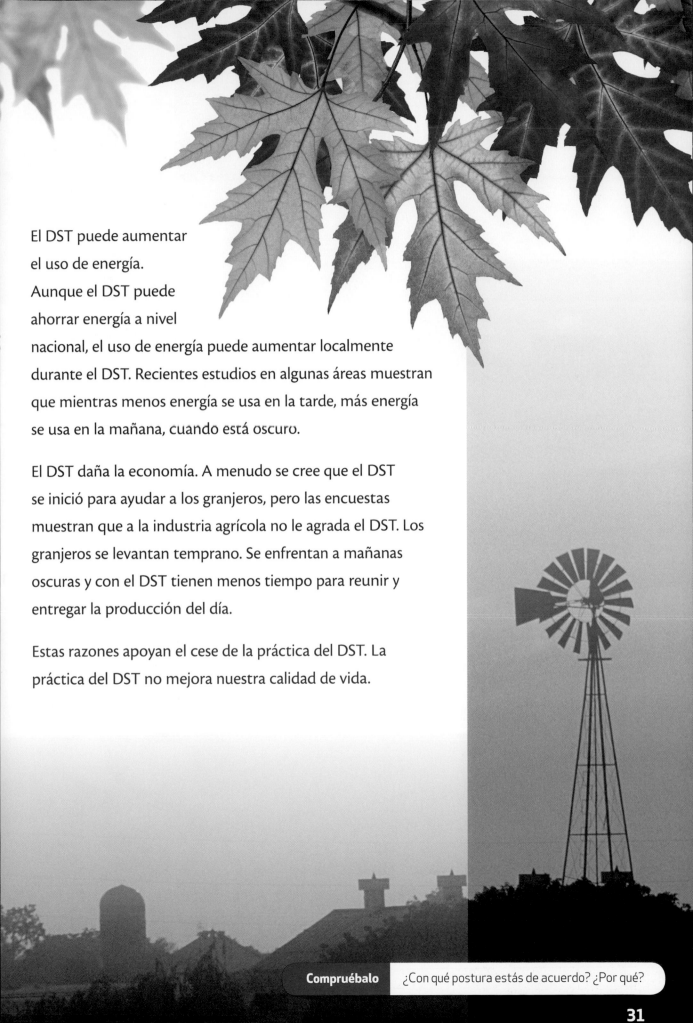

El DST puede aumentar el uso de energía. Aunque el DST puede ahorrar energía a nivel nacional, el uso de energía puede aumentar localmente durante el DST. Recientes estudios en algunas áreas muestran que mientras menos energía se usa en la tarde, más energía se usa en la mañana, cuando está oscuro.

El DST daña la economía. A menudo se cree que el DST se inició para ayudar a los granjeros, pero las encuestas muestran que a la industria agrícola no le agrada el DST. Los granjeros se levantan temprano. Se enfrentan a mañanas oscuras y con el DST tienen menos tiempo para reunir y entregar la producción del día.

Estas razones apoyan el cese de la práctica del DST. La práctica del DST no mejora nuestra calidad de vida.

Compruébalo   ¿Con qué postura estás de acuerdo? ¿Por qué?

Comenta Conceptos e ideas

1. ¿Qué conexiones puedes establecer entre las tres lecturas de *Atrapa la luz*? ¿Cómo se relacionan las lecturas?

2. Compara la información que aprendiste en el artículo científico "Las luces brillantes tienen un lado oscuro" con la información que aprendiste en la lectura de opinión. ¿En qué se parece y en qué se diferencia la información?

3. ¿Cuál es la relación entre la luz artificial y la contaminación lumínica?

4. ¿Qué visualizaste cuando el abuelo contó su relato sobre los Cazadores de Luz? ¿Las ilustraciones coincidieron con lo que imaginaste?

5. ¿Qué razones y evidencia fueron más persuasivas en la lectura de opinión? ¿Cambiaste tu opinión después de leer ambas posturas: ventajas y desventajas? ¿Por qué?

6. ¿Qué preguntas tienes aún sobre la luz natural y artificial?